CW01072513

# FRIGGITRICE AD ARIA

Ricette deliziose e salutari da cucinare a casa.
Compresi suggerimenti e trucchi per piatti straordinari
che ti aiutano a perdere peso.

**Amanda Marini**

# Contents

# Capitolo 1:
# Cos'è una friggitrice ad aria e perché dovresti usarla

Circondata da un alone di mistero, la friggitrice ad aria è un elettrodomestico da banco usato per cucinare quasi tutto, dalle patatine fritte alla carne, fino alle verdure. Scoprirai le impostazioni, il componente riscaldante, la ventola, e un cestino alla base che si estrae come un cassetto. La friggitrice ad aria soffia calore nel vano, rendendo croccante la superficie esterna del cibo.

Le friggitrici ad aria imitano la consueta cottura dei cibi facendogli circolare attorno flussi d'aria, anziché immergendoli nell'olio. Come per la cottura ad alta temperatura, se disposti in modo corretto i cibi sono freschi, deliziosi, di un colore scuro vivace e gustosi.

Le friggitrici ad aria funzionano grazie alla reazione di Maillard. Questa regola specifica allude a ciò che di solito chiamiamo rosolatura. Una reazione di Maillard si verifica quando all'esterno di un cibo si forma un involucro a causa dell'essicazione, e il forte calore separa proteine, amidi e filamenti. È ciò che conferisce agli alimenti in fricassea, arrosto e al forno i loro sapori gustosi e complessi.

Una friggitrice ad aria è una griglia a convezione in miniatura - un fornetto a convezione da banco a forma di botticella, per essere precisi.

La convezione è la tendenza dei gas (o fluidi) a muoversi uno rispetto all'altro quando vengono riscaldati. Ad esempio, l'aria calda sale, spingendo contemporaneamente in basso l'aria più fredda. La convezione influisce sul clima; ha anche un ruolo nel movimento di liquido che provoca le eruzioni vulcaniche.

Le friggitrici ad aria utilizzano la convezione per cucinare in modo rapido ed efficace i cibi freschi. Un componente riscaldante all'interno della friggitrice riscalda l'aria, creando flussi di convezione regolari. Un ventilatore all'interno dell'apparato aiuta il decorso dell'aria, facendola fluire molto più rapidamente. Fori o aperture nel cestello di cottura consentono ai getti d'aria di muoversi senza ostacoli intorno al cibo. Questo flusso dell'aria aumenta lo scambio di calore dall'aria alla pietanza. Di conseguenza, la tua cena si cuoce più velocemente.

## Come scegliere la migliore friggitrice ad aria

### Pensa alle dimensioni e a quanto cibo può contenere

Ricorda le dimensioni della friggitrice ad aria: 3,7 litri è generalmente la misura standard che può cuocere facilmente cibo a sufficienza per 4 persone; ad ogni modo, potresti aver bisogno di una dimensione maggiore o minore, a seconda del numero di porzioni che ti servono.

Ricorda, tuttavia, che puoi organizzarti in modo da cucinare prima un'infornata e poi un'altra, se necessario.

## Dimensioni

Un altro fattore rilevante da considerare è la dimensione della friggitrice ad aria. Dovresti chiederti quanto spazio occuperà. Dove troverà posto nella tua cucina? Quanto posto ci vorrà? Insomma, valuta se c'è spazio sufficiente per sistemarla.

Mentre alcune friggitrici ad aria sono piccole e progettate in modo minimalista, altre sono piuttosto ingombranti e in genere richiedono più spazio. Dipende da quanto posto ti resta in cucina. Non sarebbe l'ideale avere una friggitrice inadatta in cucina.

Se la dimensione è importante per te, ci sono molte friggitrici ad aria tra cui scegliere. La friggitrice Philips Air XL misura 39 x 39 x 38 cm e pesa circa 8 kg. Potrebbe sembrare in forte contrasto con la friggitrice Philips Air, che ha maggiore capacità ma dimensioni ridotte di appena 31,5 × 42 × 30 cm. La friggitrice ad aria elettrica digitale GoWISE USA da 2,6 litri è una buona candidata se stai cercando una piccola friggitrice ad aria minimale ma con ottime prestazioni. Ha una dimensione di 20 x 28 x 15 cm e pesa solo 4,8 kg.

Una cosa da notare sulla dimensione è che la maggior parte delle friggitrici ad aria con capacità più elevate sono per lo più enormi e molto costose.

## Ricettari

Assicurati di acquistarne una che comprenda un manuale e un libretto di ricette. A volte all'inizio può essere difficile avere un'idea di ciò che puoi cucinare e sapere come usarla.

L'ideale è disporre di questi due strumenti, in maniera da avere alcuni piatti da provare immediatamente non appena ti arriva.

## Misure di sicurezza

Assolutamente sì! A seconda del livello di sicurezza di cui hai bisogno, la maggior parte delle friggitrici ad aria offre una garanzia di sicurezza veramente soddisfacente, lasciando poco spazio agli errori.

Quali sono le misure di sicurezza in una friggitrice? Alcune hanno piedini antiscivolo a ventosa per garantire stabilità durante l'uso.

Alcune hanno un timer automatico integrato che spegne il quadro al termine della cottura o dopo un tempo prestabilito. Per alcune il timer automatico è di 30 minuti, altre si spengono dopo un'ora, mentre altre ancora sono programmate per spegnersi dopo 99 minuti di inattività. In qualsiasi friggitrice ad aria, questa funzione già da sola garantirebbe che il cibo non venga mai bruciato o cotto troppo. Riduce anche il pericolo di incendio dovuto a una cottura troppo prolungata.

Molte friggitrici ad aria sono inoltre impostate per interrompere il funzionamento nel caso in cui il cestello o il vano vengano aperti o svuotati mentre sono in funzione.

Tutte queste caratteristiche sono ciò di cui dovresti accertare la presenza quando scegli la tua friggitrice ad aria, così da assicurarti di avere una friggitrice ad aria perfettamente sicura da usare. Altre misure di sicurezza includono una maniglia e un esterno freddi al contatto, una parte esterna resistente al calore e in una certa misura anche la parte interna di cottura lavabile in lavastoviglie.

## Recensioni

Dai sempre un'occhiata alle opinioni prima dell'acquisto. Se stai cercando su Amazon, dai un'occhiata a tutte le friggitrici ad aria; leggi quelle con giudizi più elevati, e vedi quali sono gli aspetti positivi e negativi.

In questo modo ne troverai rapidamente una che risponda alle tue esigenze, e magari troverai anche alcune nuove idee di ricette in base a ciò per cui altri dicono di usarla.

## Temperatura

Ricorda che vorrai una friggitrice ad aria che arriva a 390-400°.

La maggior parte dei piatti, ad esempio pollo o carne, dovrebbe essere cotta intorno ai 400°, quindi vorrai prenderne una che ci si avvicini il più possibile.

È anche meglio acquistarne una che abbia un timer, che puoi impostare e che si spenga quando ha finito.

## Ventole a doppia convezione

Il componente di cottura d'eccellenza combina il calore con un'innovativa modalità di convezione a doppia ventola per far circolare l'aria intorno al cibo con risultati rapidi e consistenti

# Insalata di mandorle, cavolo cappuccio e semi di papavero

**Dose per: 4**
**Tempo di preparazione: 15 minuti**
**Tempo di cottura: 25 minuti**

**Ingredienti:**

- 48 g di mandorla, setacciata
- 1 cucchiaio di semi di papavero
- 500 g di cavolo, tritato
- 236 ml di maionese
- 1 cucchiaio di miele
- 1 cucchiaio di succo di limone
- 2 cucchiai di senape
- 2 cucchiai di erba cipollina, tritata
- 87 g di peperoni verdi, tagliati a dadini
- 87 g di sedano, tritato
- ¼ di cucchiaino di sale
- Un pizzico di pepe nero

**Preparazione:**

1. Preriscaldate la friggitrice ad aria Instant Vortex a 171°C
2. Mettete le mandorle e il cavolo nella friggitrice
3. Irrorate con olio d'oliva
4. Cuocete per 5 minuti
5. Prendete una ciotola e trasferite il composto al suo interno

6. Aggiungete erba cipollina, sedano e peperoni verdi e mescolate
7. Prendete una piccola ciotola e sbattete insieme gli ingredienti rimanenti
8. Versate il composto sull'insalata
9. Rivestitela per bene
10. Servite e buon appetito!

## Valori Nutrizionali:

- Calorie: 364,4
- Grassi: 20,5g
- Carboidrati: 38,5g
- Proteine: 6,5g

# Aloo Tikki (polpette di patate)

**Dose per: 3**
**Tempo di preparazione: 10 minuti**
**Tempo di cottura: 15 minuti**

## Ingredienti:

- 4 patate intere
- 3 cucchiai di succo di limone
- 1 peperoncino verde
- Sale e pepe, q.b.
- 2 cipolle
- 4 cucchiai di finocchio
- 40 g di farina
- 6 spicchi d'aglio
- 2 cucchiai di pasta di zenzero/aglio
- 12 g di foglie di menta
- 100 g di coriandolo

## Preparazione:

1. Preriscaldate la friggitrice ad aria Instant Vortex a 182° C.
2. Prendete una ciotola e aggiungete coriandolo, menta e finocchio accanto alla pasta di zenzero/aglio.
3. Aggiungete sale, succo di limone.
4. Mescolate tutto fino a quando non otterrete una salsa.
5. Tagliate le patate a cubetti e trasferirla nella salsa.

6. Preparate un mix di peperoncino verde con cipolle e le spezie.
7. Aggiungete le patate.
8. Cuocete per 15 minuti.
9. Servite con ketchup e buon appetito!

## Valori Nutrizionali:

- Calorie: 144
- Grassi: 5g
- Carboidrati: 24g
- Proteine: 3g

# Carote cotte con cumino

**Dose per: 3**
**Tempo di preparazione: 5 minuti**
**Tempo di cottura: 10 minuti**

**Ingredienti:**

- 595 g di carote, pelate
- 1 cucchiaio di olio d'oliva
- 1 cucchiaino di semi di cumino
- Una manciata di coriandolo fresco

**Preparazione:**

1. Preriscaldate la friggitrice a 176° C.
2. Prendete una ciotola e aggiungete olio, miele e carote.
3. Date una bella mescolata e assicuratevi che gli ingredienti siano ben amalgamati.
4. Condite con aneto, pepe e sale.
5. Trasferite la miscela nella
6. friggitrice ad aria compressa Instant Vortex e cuocete per 12 minuti e buon appetito!

**Valori Nutrizionali:**

- Calorie: 144
- Grassi: 5g
- Carboidrati: 24g
- Proteine: 3g

# Patate farcite

**Dose per: 3**
**Tempo di preparazione: 10 minuti**
**Tempo di cottura: 25 minuti**

## Ingredienti:

- 496 g di patate
- 2 spicchi d'aglio
- Sale e pepe q.b.
- Rosmarino, q.b.
- Olio d'oliva, q.b.

## Preparazione:

1. Lavate accuratamente le patate.
2. Preriscaldate la friggitrice ad aria Instant Vortex a 182° C.

3. Fate un mix di olio d'oliva, rosmarino e spezie in un'altra ciotola e trasferite le patate nel composto ottenuto.
4. Trasferite le patate nella
5. friggitrice ad aria Instant Vortex e cuocete per 25 minuti.
6. Servite e buon appetito!

## Valori Nutrizionali:

- Calorie: 140
- Grassi: 0,5g
- Carboidrati: 26g
- Proteine: 4g

# Patatine vegane a riccioli

**Dose per: 4**
**Tempo di preparazione: 5 minuti**
**Tempo di cottura: 15 minuti**

## Ingredienti:

- 2 patate
- 1 cucchiaio di ketchup al pomodoro
- 2 cucchiai di olio d'oliva
- Sale e pepe, q.b.
- 2 cucchiai di olio di cocco

## Preparazione:

1. Preriscaldate la friggitrice ad aria Instant Vortex a 182° C.
2. Tagliate le patate a spirale, nel caso aiutandovi con uno strumento apposito.
3. Prendete una ciotola e versate con olio d'oliva, olio di cocco, sale e pepe e ricoprite le patate con il composto.
4. Trasferite le patate nel cestello di cottura Instant Vortex Instant e cuocete per 15 minuti.
5. Servite e buon appetito!

## Valori nutrizionali (per porzione)

- Calorie: 349
- Grassi: 13g
- Carboidrati: 49g
- Proteine: 5g

# Patate piccanti a tocchetti

**Dose per: 3**
**Tempo di preparazione: 10 minuti**
**Tempo di cottura: 20 minuti**

## Ingredienti:

- 700 g di patate a pasta gialla di grandi dimensioni
- 2 cucchiai di olio d'oliva
- 2 cucchiaini di paprica affumicata
- 2 cucchiai di salsa piccante al peperoncino Sriracha
- 122 g di yogurt geco a basso contenuto di Grassi

## Preparazione:

1. Sbucciate le patate e tagliatele a tocchetti.
2. Mettete le patate a bagno sott'acqua per circa 30 minuti.
3. Prendete uno canovaccio e asciugatele.
4. Preriscaldate la friggitrice a 177° C.
5. Spalmate le patate con paprica e olio e trasferitele nel cestello della friggitrice.
6. Cuocete per 20 minuti, facendo attenzione a continuare a scuotere il cestello di tanto in tanto.
7. Togliete i tocchetti dalla friggitrice ad aria Instant Vortex e trasferiteli su carta da cucina e lasciateli asciugare.
8. Servite con una spolverata di sale e pepe, e un contorno di yogurt e salsa al peperoncino, se lo preferite.

## Valori Nutrizionali:

- Calorie: 123
- Grassi: 2g
- Carboidrati: 5g
- Proteine: 2,77g

# Tofu croccante

**Dose per: 3**
**Tempo di preparazione: 30 minuti**
**Tempo di cottura: 20 minuti**

**Ingredienti:**

- 1 pezzo intero di tofu
- 1 cucchiaio di fecola di patate
- Sale e pepe, q.b.
- 2 cucchiaini di aceto
- 2 cucchiaini di salsa di soia
- 2 cucchiaini di olio d'oliva
- Cipolla
- Basilico

**Preparazione:**

1. Preriscaldate la friggitrice ad aria Instant Vortex a 187° C.
2. Aprite il tofu e trasferitelo in un piatto separato.
3. Fate una marinatura di olio d'oliva, aceto e salsa di soia.
4. Aggiungete spezie alla mistura e coprite il tofu con quest'ultima.
5. Lasciatelo riposare per 10 minuti.
6. Cuocete poi il tofu nella friggitrice per 10 minuti.
7. Servite con cipolla fresca tritata e basilico.
8. Buon appetito!

**Valori Nutrizionali:**

- Calorie: 130
- Grassi: 6g
- Carboidrati: 15g
- Proteine: 9g

# Patate dolci fritte

**Dose per: 2**
**Tempo di preparazione: 10 minuti**
**Tempo di cottura: 25 minuti**

## Ingredienti:

- 2 patate dolci medie, pelate
- ¼ cucchiaino di paprica dolce
- 2 cucchiaini di olio d'oliva
- ½ cucchiaino d'aglio in polvere
- ½ cucchiaino di sale kosher
- Pepe nero fresco, q.b.

## Preparazione:

1. Preriscaldate la friggitrice ad aria Instant Vortex a 204° C per 8 minuti

2. Spruzzate olio spray nel cestello della friggitrice
3. Tagliate le patate in modo che abbiano la forma delle classiche patatine fritte con uno spessore di 0,63 centimetri
4. Condite con olio, aglio in polvere, paprica, sale e pepe nero
5. Cuocete in 2 o 3 infornate separate
6. Non sovraffollare la padella
7. Cuocete per 8 minuti
8. Girate a metà cottura
9. Servite e buon appetito!

## Valori Nutrizionali:

- Calorie: 221
- Grassi: 5g
- Carboidrati: 42g
- Proteine: 3g

# Fiocchi di latte e patate

**Dose per: 4**
**Tempo di preparazione: 10 minuti**
**Tempo di cottura: 25 minuti**

**Ingredienti:**

- 4 patate medie
- 1 mazzo di asparagi
- 60 ml di panna fresca maga
- 60 g di fiocchi di latte
- 1 cucchiaio di senape integrale

**Preparazione:**

1. Riscaldate la friggitrice ad aria Instant Vortex a 204° C.
2. Lavatele e asciugare le patate.
3. Mettete le patate nella friggitrice ad aria Instant Vortex. Lasciatele cuocete per circa 25 minuti.
4. Mentre le patate cuociono, mettete gli asparagi in una pentola con acqua bollente salata. Far bollire per 3 minuti fino a quando gli asparagi non si saranno ammorbiditi.
5. Raffreddate le patate e togliete la buccia.
6. Mescolate i fiocchi di latte, la panna, gli asparagi e la senape.
7. Condite bene e riempite le patate con il composto.

**Valori Nutrizionali:**

- Calorie: 293
- Grassi: 18g
- Carboidrati: 17g
- Proteine: 16g

# Cavoletti di Bruxelles arrostiti

**Dose per: 4**
**Tempo di preparazione: 10 minuti**
**Tempo di cottura: 15 minuti**

## Ingredienti:

- 1 blocco di cavoletti di Bruxelles
- ½ cucchiaino d'aglio
- 2 cucchiaini di olio d'oliva
- ½ cucchiaino di pepe
- Sale, q.b.

## Preparazione:

1. Preriscaldate la friggitrice a 198 °C.
2. Togliete le foglie dai cavoletti, lasciando solo la testa.
3. Lavate e asciugare bene i cavoletti.
4. Preparate una miscela di olio d'oliva, sale e pepe con aglio.
5. Coprite i cavoletti con la marinatura e lasciateli riposare per 5 minuti.
6. Trasferite i cavoletti nella friggitrice Instant Vortex e cuocete per 15 minuti.
7. Servite e buon appetito!

## Valori Nutrizionali:

- Calorie: 43
- Grassi: 2g
- Carboidrati: 5g
- Proteine: 2g

# Tocchetti di Parmigiano e cavolo

**Dose per: 4**
**Tempo di preparazione: 5 minuti**
**Tempo di cottura: 20 minuti**

**Ingredienti:**

- ½ cavolo cappuccio
- 200 g di parmigiano
- 20 g di burro, fuso
- Sale e pepe, q.b.

## Preparazione:

1. Preriscaldate la friggitrice ad aria Instant Vortex a 193°C.
2. Prendete una ciotola e aggiungete il burro fuso e condire con sale e pepe.
3. Coprite i cavoli con il burro fuso.
4. Cappotto cavoli con parmigiano.
5. Trasferite i cavoli rivestiti nella friggitrice ad aria compressa Instant Vortex e cuocete per 20 minuti.
6. Servite con salsa al formaggio e buon appetito!

## Valori Nutrizionali:

- Calorie: 108
- Grassi: 7g
- Carboidrati: 11g
- Proteine: 2g

# Casseruola di spinaci e carciofi

**Dose per:** 4
**Tempo di preparazione:** 10 minuti
**Tempo di cottura:** 15 minuti

## Ingredienti:

- 14 g di burro salato, fuso
- 260 g cuori di carciofo, tritati
- 650 g di cavolfiore, tritato
- 225 g di spinaci freschi, tritati
- 26 g di jalapeños sottaceto, tritati
- 180 ml di panna acida gassa
- 40 g di cipolla bionda, tagliata a dadini
- 230 g di formaggio cremoso a pasta molle, morbido
- 70 ml di maionese

## Preparazione:

1. Prendete una ciotola gande, mescolate il burro, la cipolla, la crema di formaggio, la maionese e la panna acida. Aggiungete i jalapeños, gli spinaci, il cavolfiore e i carciofi.
2. Versate il composto in una teglia rotonda da 15 x 5 cm. Coprite con carta stagnola e mettete nel cestello della friggitrice ad aria
3. Regolate la temperatura a 187° C e impostate il timer per 15 minuti. Durante gli ultimi 2 minuti di cottura, togliete la pellicola per dorare la parte superiore.
4. Servite il piatto ancora caldo.

**Valori Nutrizionali:**

- Calorie: 423
- Grassi: 9g
- Carboidrati: 12g
- Proteine: 36g

# Fiocchi di cocco tostati

**Dose per:** 4
**Tempo di preparazione:** 10 minuti
**Tempo di cottura:** 15 minuti

## Ingredienti:

- 0,75 g di sale
- 2 cucchiaini di olio di cocco
- 32 g di eritritolo ganulare
- 128 g di fiocchi di cocco non zuccherati

## Preparazione:

1. Versate i fiocchi di cocco e l'olio in una ciotola gande fino a quando il cocco non sarà ricoperto.
2. Cospargete con eritritolo e sale. Mettete i fiocchi di cocco nel cestello della friggitrice.
3. Regolate la temperatura della friggitrice Instant Vortex a 148° C e impostate il timer per 3 minuti.
4. Aggiungete i fiocchi quando rimane 1 minuto alla fine del conto alla rovescia.
5. Cuocete un minuto in più se desiderate fiocchi di cocco un po' più dorati.
6. Conservate in un contenitore ermetico fino a 3 giorni.

## Valori Nutrizionali:

- Calorie: 165
- Grassi: 15g
- Carboidrati: 20g
- Proteine: 2g

# Tortino di melanzane

**Dose per: 4**
**Tempo di preparazione: 10 minuti**
**Tempo di cottura: 12 minuti**

**Ingredienti:**

- 2 cucchiai di olio d'oliva
- 1 melanzana media, tagliata a fette da 0,6 cm
- 110 g di mozzarella, tagliate a fette da 20 g
- 5 g di basilico fresco, a fette
- 2 pomodori grandi, tagliati a fette da 0,6 cm

**Preparazione:**

1. In una teglia rotonda da 15x5 cm, mettete sul fondo quattro fette rotonde di melanzane.
2. Mettete una fetta di pomodoro sopra ogni melanzana, poi la mozzarella, poi la melanzana. Ripetete all'occorrenza.
3. Spruzzate con olio d'oliva. Coprite il piatto con carta stagnola e mettete il piatto nel cestello della friggitrice ad aria.
4. Regolate la temperatura della friggitrice Instant Vortex a 176° C e impostate il timer per 12 minuti.
5. Il piatto sarà pronto quando la melanzana risulterà tenera. Guarnite con basilico fresco e servite.

**Valori Nutrizionali:**

- Calorie: 195
- Grassi: 12g
- Carboidrati: 12g
- Proteine: 8g

# Verdure e uova al forno

**Dose per:** 4
**Tempo di preparazione:** 10 minuti
**Tempo di cottura:** 10 minuti

**Ingredienti:**

- ¼ di cucchiaino di origano, essiccato
- ½ cucchiaino di basilico, essiccato
- ¼ di cucchiaino di cipolla, in polvere
- ¼ di cucchiaino d'aglio, in polvere
- 28 g di burro salato
- 2 uova grandi
- ½ peperone verde medio, senza semi e tagliato a dadini
- 1 pomodoro romano medio, tagliato a dadini
- 1 zucchina piccola, a fette, tagliata a quarti
- 225 g di spinaci freschi, tritati

**Preparazione:**

1. Imburrate due pirottini da 10 cm con 14 g di burro ciascuno.
2. Prendete una ciotola gande, mettete le zucchine, il peperone, gli spinaci e i pomodori. Dividere il composto in due e metterne metà in ogni pirottino.
3. Rompere un uovo su ogni pirottino e cospargerlo di cipolla in polvere, aglio in polvere, basilico e origano.

4. Mettete nel cestello della friggitrice. Regolate la temperatura della friggitrice Instant Vortex a 165° C e impostate il timer per 10 minuti. Servite immediatamente.

**Valori Nutrizionali:**

- Calorie: 96
- Grassi: 7g
- Carboidrati: 10g
- Proteine: 4g

# Verdure glassate

**Dose per: 4**
**Tempo di preparazione: 10 minuti**
**Tempo di cottura: 20 minuti**

## Ingredienti:

- 1 cucchiaino di erbe secche miste
- 1 cucchiaino di senape di Digione
- 63 g di miele
- 6 cucchiai di olio d'oliva
- 1 peperone verde, seminato e tritato
- 1 zucchina gande, tritata
- 1 carota gande, pelata e tritata
- 1 pastinaca gande, tritata
- 56 g di pomodori ciliegini, tritati
- 1 cucchiaino di pasta d'aglio
- Sale e pepe, q.b.

## Preparazione:

1. Preriscaldate la friggitrice Instant Vortex a 176° C e oliate una padella per friggitrice ad aria.
2. Disponete i pomodorini, la pastinaca, la carota, le zucchine e il peperone nella padella della friggitrice Instant Vortex e irrorate con 3 cucchiai di olio d'oliva.
3. Cuocete per circa 15 minuti e togliete dalla friggitrice.

4. Mescolate in una ciotola l'olio d'oliva rimasto, il miele, la senape, le erbe aromatiche, l'aglio, il sale e il pepe nero.

5. Versate questa miscela sulle verdure nella padella della friggitrice Instant Vortex e impostate la friggitrice a 198 °C.

6. Cuocete per circa 5 minuti e servite caldo.

## Valori Nutrizionali:

- Calorie: 288
- Grassi: 21g
- Carboidrati: 26g
- Proteine: 2g

# Zucca ripiena

**Dose per: 4**
**Tempo di preparazione: 10 minuti**
**Tempo di cottura: 35 minuti**

## Ingredienti:

- Sale e pepe, q.b.
- 2 cucchiaini di erbe miste
- 2 spicchi d'aglio, tritati
- ½ zucca butternut, senza semi
- 75 g di fagiolini sgusciati
- 1 barbabietola, tritata
- 1 peperone, tritato
- 2 pomodori a pezzetti

## Preparazione:

1. Preriscaldate la friggitrice Instant Vortex a 182°C e oliate un cestello per friggitrice ad aria.
2. Mescolate tutti gli ingredienti in una ciotola, tranne la zucca.
3. Riempite la zucca con la miscela di verdure e mettetela nel cestello della friggitrice Instant Vortex.
4. Cuocete per circa 35 minuti e poi mettetela da parte per farla raffreddare leggermente.
5. Impiattate e servite tiepido.

## Valori Nutrizionali:

- Calorie: 48
- Grassi: 0,4g
- Carboidrati: 11g
- Proteine: 1,8g

# Pastinaca dolce e piccante

**Dose per: 4**
**Tempo di preparazione: 10 minuti**
**Tempo di cottura: 44 minuti**

## Ingredienti:

- Sale e pepe, q.b.
- ¼ di cucchiaino di fiocchi di pepe rosso, schiacciati
- 1 cucchiaio di prezzemolo essiccato, tritato
- 2 cucchiai di miele
- 1 cucchiaio di burro, fuso
- 900 g di pastinaca, pelata e tagliata in pezzi da 3 cm

## Preparazione:

1. Preriscaldate la friggitrice Instant Vortex a 179° C e oliate un cestello per friggitrice ad aria.
2. Mettete la pastinaca e il burro in una ciotola e amalgamate bene il tutto.
3. Disponete i pezzi di pastinaca nel cestello della friggitrice Instant Vortex e cuocete per circa 40 minuti.
4. Mescolate gli ingredienti rimanenti in un'altra grande ciotola e aggiungete i pezzi di pastinaca.
5. Riposizionate i pezzi di pastinaca nel cestello della friggitrice Instant Vortex e cuocete per circa 4 minuti.
6. Impiattate e servite il piatto ancora caldo.

**Valori Nutrizionali:**

- Calorie: 155
- Grassi: 3g
- Carboidrati: 33g
- Proteine: 2g

# Pomodori ripieni di couscous

**Dose per: 4**
**Tempo di preparazione: 10 minuti**
**Tempo di cottura: 25 minuti**

**Ingredienti:**

- 1 cucchiaio di salsa mirin
- 1 spicchio d'aglio, tritato
- 1 cucchiaino di olio d'oliva
- 225 g di couscous
- 75 g di funghi, tritato
- 1 pastinaca, pelata e tritata
- 4 pomodori, senza cime e semi

**Preparazione:**

1. Preriscaldate la friggitrice Instant Vortex a 179° C e oliate un cestello per friggitrice ad aria.
2. Scaldate l'olio d'oliva in una padella a fuoco lento e aggiungete pastinaca, funghi e aglio.
3. Cuocete per circa 5 minuti e mescolate con la salsa di mirin e il couscous.
4. Riempite i pomodori con la miscela di couscous e sistemateli nel cestello della friggitrice Instant Vortex.
5. Cuocete per circa 20 minuti e servite il piatto caldo.

## Valori Nutrizionali:

- Calorie: 361
- Grassi: 2g
- Carboidrati: 75g
- Proteine: 10g

# Tofu con verdure

**Dose per: 4**
**Tempo di preparazione: 10 minuti**
**Tempo di cottura: 22 minuti**

## Ingredienti:

- ½ Tofu compatto da 400 g, pressato e sbriciolato
- 50 g di carote, pelate e tritate
- 340 g di riso di cavolfiore
- 87 g di broccoli, tagliati finemente
- 75 g di piselli surgelati
- 4 cucchiai di salsa di soia a basso contenuto di sodio
- 1 cucchiaino di curcuma macinata
- 1 cucchiaio di zenzero fresco, tritato
- 2 spicchi d'aglio, tritati
- 1 cucchiaio di aceto di riso
- 1½ cucchiaino di olio di sesamo, tostato

## Preparazione:

1. Preriscaldate la friggitrice Instant Vortex a 187° C e oliate una teglia da friggitrice ad aria.
2. Mescolate in una ciotola il tofu, la carota, la cipolla, 2 cucchiai di salsa di soia e la curcuma.
3. Trasferite la miscela di tofu nel cestello della friggitrice Instant Vortex e cuocete per circa 10 minuti.

4. Nel frattempo, mescolate in una ciotola il riso di cavolfiore, i broccoli, i piselli, lo zenzero, l'aglio, l'aceto, l'olio di sesamo e la salsa di soia rimasta.
5. Ponete il riso di cavolfiore nella padella della friggitrice Instant Vortex e cuocete per circa 12 minuti.
6. Servite la miscela di tofu su piatti da portata e serviteli caldo.

## Valori Nutrizionali:

- Calorie: 162
- Grassi: 5g
- Carboidrati: 20g
- Proteine: 11g

# Funghi ripieni di pane grattugiato

**Dose per:** 4
**Tempo di preparazione:** 10 minuti
**Tempo di cottura:** 25 minuti

**Ingredienti:**

- 16 piccoli funghi a bottone, senza gambo e lamelle
- 1 spicchio d'aglio, schiacciato
- 1 ½ fetta di pane di farro
- 1 cucchiaio di prezzemolo a foglia piatta, tritato finemente
- 1 cucchiaio e mezzo di olio d'oliva
- Sale e pepe nero macinato, q.b.

**Preparazione:**

1. In un robot da cucina, aggiungete le fette di pane e triturate fino a quando non si formano le briciole. Trasferite le briciole in una ciotola. Aggiungete l'aglio, il prezzemolo, il sale e il pepe nero e mescolate.
2. Versate l'olio d'oliva nel composto. Impostate la temperatura della friggitrice a 198 °C. Oliate un cestello per friggitrice ad aria.
3. Riempite ogni cappello dei funghi con la miscela di pangrattato.
4. Disponete i cappelli dei funghi nel cestello già pronto. Friggete ad aria per circa 9-10 minuti.
5. Togliete dalla friggitrice e trasferite i funghi su un piatto da portata.

**6.** Mettete da parte per farli raffreddare un po'. Serviteli tiepidi.

## Valori Nutrizionali:

- Calorie: 751
- Grassi: 31g
- Carboidrati: 97g
- Proteine: 15g

# Patate imbottite

**Dose per: 4**
**Tempo di preparazione: 10 minuti**
**Tempo di cottura: 15 minuti**

## Ingredienti:

- 8 pomodori ciliegini, tagliati in quarti
- 2 cucchiai di salsa di pomodoro
- ½ cucchiaio di prezzemolo fresco
- 2 cucchiai di succo di limone fresco
- 2 cucchiai di olio d'oliva, diviso
- Sale e pepe nero macinato, q.b.
- 1 melanzana gande

## Preparazione:

1. Impostate la temperatura della friggitrice a 179° C. Oliate un cestello per friggitrice ad aria.
2. Con una forchetta, punzecchiate le patate. Disponete le patate nel cestello della friggitrice ad aria.
3. Friggete ad aria per circa 15 minuti. In una ciotola, aggiungete gli ingredienti rimanenti e mescolate fino ad ottenere una mistura omogenea.
4. Togliete dalla friggitrice e trasferite le patate su un piatto.
5. Aprite le patate al centro e riempitele con la mistura preparata. Servite immediatamente.

**Valori Nutrizionali:**

- Calorie: 558
- Grassi: 32g
- Carboidrati: 41g
- Proteine: 29g

# Melanzane ripiene condite con salsa

**Dose per: 4**
**Tempo di preparazione: 10 minuti**
**Tempo di cottura: 25 minuti**

**Ingredienti:**

- 1 melanzana gande
- Sale e pepe, q.b.
- 2 cucchiaini di olio d'oliva
- 2 cucchiaini di succo di limone fresco
- ½ cucchiaio di prezzemolo fresco
- 2 cucchiai di salsa di pomodoro
- 8 pomodori ciliegini, tagliati in quarti

**Preparazione:**

1. Impostate la temperatura della friggitrice Instant Vortex a 198 °C
2. Oliate il cestello della friggitrice ad aria. Mettete le melanzane nel cestello.
3. Friggete ad aria per circa 15 minuti. Togliete dalla friggitrice e tagliate le melanzane a metà nel senso della lunghezza.
4. Spruzzate sulle melanzane a metà una quantità di olio uniforme. Poi, impostate la temperatura della friggitrice a 179° C. Oliate il cestello per friggitrice ad aria.
5. Disponete le melanzane nel cestello della friggitrice preparata, tagliate di lato. Friggete in aria per altri 10 minuti.

6. Togliete le melanzane dalla friggitrice e mettetele da parte per circa 5 minuti.

7. Con cautela, togliete sbucciate le melanzane, lasciando circa 0,6 cm lontano dai bordi.

8. Cospargete le melanzane con un cucchiaino di succo di limone. Trasferite la polpa di melanzana in una ciotola.

9. Aggiungete i pomodori, la salsa, il prezzemolo, il sale, il pepe nero, l'olio rimasto e il succo di limone e mescolate bene.

10. Riempite le melanzane con il composto di salsa e servite.

**Valori Nutrizionali:**

- Calorie: 361
- Grassi: 2g
- Carboidrati: 75g
- Proteine: 10g

# Cavolfiore e broccoli

**Dose per:** 4
**Tempo di preparazione:** 10 minuti
**Tempo di cottura:** 15-25 minuti

## Ingredienti:

- 480 g di cavolfiore; tagliato in pezzi da 2 cm
- 226 g di broccoli; tagliati in pezzi da 2 cm
- 1 cucchiaio di olio d'oliva
- Sale, q.b.

## Preparazione:

1. In una ciotola, aggiungete le verdure, l'olio e il sale e mescolate bene.
2. Impostate la temperatura della friggitrice Instant Vortex a 190° C. Oliate un cestello per friggitrice ad aria.
3. Disponete la miscela vegetale nel cestello della friggitrice. Friggete ad aria per circa 15-20 minuti, smuovendo una volta a metà cottura.
4. Togliete dalla friggitrice e trasferite la miscela vegetale sui piatti da portata. Servite il piatto caldo.

## Valori Nutrizionali:

- Calorie: 122
- Grassi: 7g
- Carboidrati: 12g
- Proteine: 5g

# Tofu in crosta di farina di riso

**Dose per: 4**
**Tempo di preparazione: 10 minuti**
**Tempo di cottura: 14-20 minuti**

## Ingredienti:

- 1 pezzo di tofu da 396 g, pressato e tagliato a cubetti da 1 cm
- 37 g di farina di riso
- 2 cucchiai di olio d'oliva
- 2 cucchiai di amido di mais
- Sale e pepe nero macinato, q.b.

## Preparazione:

1. In una ciotola, mescolate l'amido di mais, la farina di riso, il sale e il pepe nero.
2. Spalmate uniformemente la miscela di farina sul tofu. Cospargete il tofu di olio.
3. Impostate la temperatura della friggitrice a 182°C. Oliate un cestello per friggitrice ad aria.
4. Disponete i cubetti di tofu in un unico strato nel cestello della friggitrice.
5. Friggete ad aria per circa 14 minuti per lato. Togliete dalla friggitrice e trasferite il tofu sui piatti da portata. Servite il piatto tiepido.

**Valori Nutrizionali:**

- Calorie: 660
- Grassi: 30g
- Carboidrati: 83g
- Proteine: 19g

# Croissant salutari

**Dose per: 8**
**Tempo di preparazione: 10 minuti**
**Tempo di cottura: 2-5 minuti**

## Ingredienti:

- 1 confezione da 226 g di sfoglia per croissant
- 56 g di burro, fuso

## Preparazione:

1. Impostate la temperatura della friggitrice Vortex a 160° C. Oliate un cestello per friggitrice ad aria.
2. Disponete i croissant nel cestello della friggitrice ad aria preparato.
3. Friggete ad aria per circa 4 minuti.
4. Capovolgete e friggete dall'altro lato per altri 1-2 minuti.
5. Togliete dalla friggitrice e trasferite su un piatto.
6. Cospargeteli di burro fuso e serviteli caldi.

## Valori Nutrizionali:

- Calorie: 152
- Grassi: 10g
- Carboidrati: 11g
- Proteine: 2g

# Pizza ai funghi e formaggio

**Dose per: 4**
**Tempo di preparazione: 15 minuti**
**Tempo di cottura: 5 minuti**

**Ingredienti:**

- 2 cappelli di funghi Portobello, senza gambo
- 2 cucchiai di olio d'oliva
- 1/8 di cucchiaino di condimento italiano, essiccato
- Sale, q.b.
- 28 g di pomodori in scatola, tritati
- 28 g di mozzarella, tagliata a pezzetti
- 2 olive Kalamata, snocciolate e affettate
- 10 g di parmigiano, grattugiato fresco
- 1 cucchiaino di fiocchi di pepe rosso, schiacciati

**Preparazione:**

1. Impostate la temperatura della friggitrice a 160° C. Oliate un cestello per friggitrice ad aria.
2. Con un cucchiaio, togliete il centro di ogni cappello dei funghi.
3. Rivestite ogni cappello con olio da entrambi i lati.
4. Cospargete l'interno dei cappelli con condimento italiano e sale.
5. Disponete il pomodoro in scatola in modo uniforme su entrambi i cappelli, seguito dalle olive e dalla mozzarella.

6. Disponete i funghi nel cestello preparato per la friggitrice ad aria.
7. Friggete ad aria per circa 5-6 minuti.
8. Togliete dalla friggitrice e cospargete immediatamente con il parmigiano e i fiocchi di pepe rosso.
9. Servite.

## Valori Nutrizionali:

- Calorie: 251
- Grassi: 21g
- Carboidrati: 5g
- Proteine: 13g

# Piselli con funghi

**Dose per:** 4
**Tempo di preparazione:** 10 minuti
**Tempo di cottura:** 10-15 minuti

## Ingredienti:

- 453 g di funghi cremini (varietà di champignon)
- 4 spicchi d'aglio, tritati finemente
- 100 ml di salsa di soia
- 75 g di piselli surgelati
- 4 cucchiai di sciroppo d'acero
- 4 cucchiai di aceto di riso
- ½ cucchiaino di zenzero macinato
- 2 cucchiai di polvere cinese a cinque spezie

## Preparazione:

1. In una ciotola, mescolate bene la salsa di soia, lo sciroppo d'acero, l'aceto, l'aglio, la polvere di cinque spezie e lo zenzero macinato. Impostate la temperatura della friggitrice Instant Vortex a 176° C°.
2. Oliate il vostro cestello da cucina
3. Disponete i funghi nella padella della friggitrice preparata in un unico strato. Friggete ad aria per circa 10 minuti.
4. Togliete dalla friggitrice e mescolate i funghi.
5. Aggiungete il composto di piselli e aceto e mescolate. Friggete ad aria per altri 5 minuti circa.
6. Togliete dalla friggitrice e trasferite la miscela di funghi sui piatti da portata. Serviteli caldi.

**Valori Nutrizionali:**

- Calorie: 437
- Grassi: 20g
- Carboidrati: 40g
- Proteine: 23g

# Funghi al vino

**Dose per: 4**
**Tempo di preparazione: 10 minuti**
**Tempo di cottura: 32 minuti**

## Ingredienti:

- 14 g di burro
- 2 cucchiaini di erbe di Provenza
- ½ cucchiaino d'aglio, in polvere
- 900 g di funghi freschi
- 2 cucchiai di vermut bianco

## Preparazione

1. Impostate la temperatura della friggitrice a 160° C.
2. In una padella per friggete all'aria, mescolate il burro, le erbe di Provenza, l'aglio in polvere e l'aglio in polvere e soffriggete all'aria per circa 2 minuti.
3. Aggiungete i funghi e soffriggete ad aria per circa 25 minuti.
4. Versate il vermouth e soffriggete ad aria per altri 5 minuti.
5. Togliete dalla friggitrice e trasferite i funghi sui piatti da portata.
6. Serviteli caldi.

**Valori Nutrizionali:**

- Calorie: 54
- Grassi: 2g
- Carboidrati: 5g
- Proteine: 5g

# Jalapeños ripieni

**Dose per: 4**
**Tempo di preparazione: 5 minuti**
**Tempo di cottura: 10 minuti**

## Ingredienti:

- 10 jalapeños vuoti, fatti a metà e senza semi
- 226 g di crema di anacardi
- 6 g di prezzemolo fresco
- 63 g di pasta di mandorle

## Preparazione:

1. Prendete una ciotola e mescolate metà della pasta di mandorle e la crema di anacardi
2. Aggiungete il prezzemolo e riempite i jalapeños con la mistura
3. Pressate delicatamente la parte superiore con la pasta rimanente e fate una copertura uniforme
4. Trasferite nel cestello di cottura Instant Vortex e cuocete per 8 minuti a 187° C
5. Lasciate che si raffreddino e buon appetito!

## Valori Nutrizionali:

- Calorie: 456
- Grassi: 60g
- Carboidrati: 7g
- Proteine: 15g

# Cavolfiore stile Buffalo

**Dose per: 6**
**Tempo di preparazione: 5 minuti**
**Tempo di cottura: 5-8 minuti**

## Ingredienti

- 85 g di cavolfiore a fette sottili di 12 mm di spessore
- 1 cucchiaio di olio d'oliva
- Sale Kosher
- Pepe appena macinato

## Preparazione

1. Preriscaldate la friggitrice ad aria a Instant Vortex a 198 °C
2. Mettete i cavolfiori in una ciotola e condite con l'olio d'oliva, po' di sale e di pepe
3. Trasferite i cavolfiori nel cestello per friggere ad aria
4. Friggete per 5-6 minuti, assicurandovi di girarli a metà cottura
5. Una volta fatto, prendete i cavolfiori e serviteli
6. Buon appetito!

## Valori Nutrizionali:

- Calorie: 240,9
- Grassi: 5,5g
- Carboidrati: 6,2g
- Proteine: 8,8g

# Pastinaca sfiziosa

**Dose per: 2**
**Tempo di preparazione: 5 minuti**
**Tempo di cottura: 15 minuti**

**Ingredienti:**

- 3 Pastinaca
- 56 g di farina di mandorle
- 236 ml d'acqua
- 2 cucchiai di olio d'oliva
- Sale, q.b.

**Preparazione:**

1. Sbucciate le pastinache e tagliatele a fette a forma di patatine fritte
2. Prendete una ciotola e aggiungete acqua, sale, olio d'oliva e farina di mandorle
3. Mescolate bene
4. Aggiungete la pastinaca e rivestirla in modo uniforme col composto
5. Preriscaldate la friggitrice a 204°C
6. Aggiungete la pastinaca all'Instant Vortex e cuocete per 15 minuti
7. Servite e buon appetito!

## Valori nutrizionali (per porzione)

- Calorie:228
- Carboidrati: 15g
-

- Proteine: 4g
- Grassi: 17g

# Stuzzichini al rosmarino

**Dose per: 6**
**Tempo di preparazione: 30 minuti**
**Tempo di cottura: 30 minuti**

**Ingredienti:**

- 4 patate Russet di medie dimensioni
- 1 cucchiaio di olio d'oliva
- 2 cucchiaini di rosmarino tritato finemente
- 2 pizzichi di sale

**Preparazione:**

1. Pulite bene le patate e lavatele sotto acqua corrente
2. Tagliate le patate a forma di patatine
3. Mettete le patate a bagno per circa 30 minuti
4. Scolate le patate e mettetele su un canovaccio da cucina
5. Preriscaldate la friggitrice ad aria Instant Vortex a 165° C
6. Prendete una ciotola e aggiungete l'olio d'oliva, le patate, e mescolate
7. Trasferite le patate nella friggitrice ad aria Instant Vortex e cuocete per 30 minuti fino a quando le patate non avranno una bella consistenza dorata.
8. Smuovetele un po'
9. Condite e servite!

## Valori nutrizionali (per porzione)

- Calorie: 593
- Carboidrati: 0g
- Proteine: 2g
- Grassi: 39g

# Frittelle di mele

**Dose per: 2**
**Tempo di preparazione: 10 minuti**
**Tempo di cottura: 20 minuti**

## Ingredienti:

- 1 patata dolce, tritata
- 1 mela, tritata
- 1 cucchiaino di cannella macinata
- 1 cucchiaio di olio d'oliva

## Preparazione:

- Preriscaldate la friggitrice ad aria Instant Vortex a 193° C
- Aggiungete l'olio e aggiungete le patate dolci tritate, far cuocete per 15 minuti

- Aggiungete la mela tritata, la cannella macinata e mescolate bene, cuocete ancora per 5 minuti
- Mescolate e buon appetito!

**Valori Nutrizionali:**

- Calorie: 172
- Grassi: 9g
- Carboidrati: 28g
- Proteine: 1,5g

# Noodles di zucca

**Dose per: 2**
**Tempo di preparazione: 10 minuti**
**Tempo di cottura: 20 minuti**

## Ingredienti:

- 425 g di zucca Spaghetti
- 1 cucchiaio di olio d'oliva
- ½ cucchiaino di aneto essiccato
- ½ cucchiaino di sale

## Preparazione:

1. Sbucciate la zucca Spaghetti e trasferitela nella friggitrice Instant Vortex
2. Cuocete per 15 minuti a 198 °C
3. Schiacciatela con una forchetta e fatene noodles
4. Trasferite i noodles di zucca in una ciotola e cospargeteli di olio d'oliva, aneto secco e sale
5. Mescolate i noodles, servite e buon appetito!

## Valori Nutrizionali:

- Calorie: 63,7
- Grassi: 5g
- Carboidrati: 7g
- Proteine: 1g

# Tranci di cavolo

**Dose per: 4**
**Tempo di preparazione: 10 minuti**
**Tempo di cottura: 20 minuti**

## Ingredienti:

- 425 g di cavolo
- 1 cucchiaio di olio d'oliva
- ½ cucchiaino di aneto essiccato
- ½ cucchiaino di sale
- Pepe e paprica, q.b.

## Preparazione:

1. Tagliate il cavolo in tranci e cospargete di paprica e pepe nero macinato da entrambi i lati
2. Cospargete il cavolo con olio d'oliva
3. Preriscaldate la friggitrice ad aria Instant Vortex a 185° C
4. Trasferite il cavolo nella friggitrice ad aria Instant Vortex e cuocete per 9 minuti
5. Giratelo e cuocete per altri 4 minuti
6. Trasferite il cavolo cotto in un piatto e servite
7. Buon appetito!

## Valori Nutrizionali:

- Calorie: 61
- Grassi: 4g
- Carboidrati: 7g
- Proteine: 1,5g

# Torta di mele

**Dose per: 5**
**Tempo di preparazione: 5 minuti**
**Tempo di cottura: 20 minuti**

## Ingredienti:

- 68 g di farina
- 105 g di zucchero
- 40 g di burro
- 3 cucchiai di cannella
- 2 mele intere

## Preparazione:

1. Preriscaldate la friggitrice ad aria Instant Vortex a 182° C.
2. Prendete una ciotola e mescolate 3 cucchiai di zucchero, burro e farina.
3. Formate la pastella.
4. Lavate e tagliate le mele.
5. Coprite le mele con zucchero e cannella.
6. Immergete le mele nella pastella.
7. Mettete la torta nella friggitrice e cuocete per 20 minuti.
8. Servite con una spolverata di zucchero a velo e menta fresca.
9. Buon appetito!

## Valori nutrizionali (per porzione)

- Calorie: 223
- Grassi: 8g
- Carboidrati: 37g
- Proteine: 2g

# Tocchetti di calamaro

**Dose per: 5**
**Tempo di preparazione: 6 minuti**
**Tempo di cottura: 15-30 minuti**

**Ingredienti:**

- 340 g di calamari congelati (scongelati e lavati)
- 1 uovo gande, sbattuto
- 96 g di farina di mandorle
- 1 cucchiaino di semi di coriandolo, macinato
- 1 cucchiaino di pepe di cayenna
- ½ cucchiaini di pepe nero, macinato
- ½ cucchiaino di sale kosher
- Buccia di limone q.b.
- Olio d'oliva spray

**Preparazione:**

1. Prendete una ciotola di grandi dimensioni e aggiungete la farina, il pepe macinato, il sale e la paprica
2. Immergete gli anelli di calamari nell'uovo e poi nella pastella
3. Preriscaldate la friggitrice a 198 °C
4. Mettete i calamari nel cestello Instant Vortex e cuocete per 15 minuti fino a doratura
5. Infornate separatamente e servite con una guarnizione di spicchi di limone
6. Buon appetito!

## Valori nutrizionali (per porzione)

- Calorie: 227
- Carboidrati: 8g
- Proteine: 11g
- Grassi: 14g

# Tocchetti di Ananas fritto

**Dose per: 4**
**Tempo di preparazione: 5 minuti**
**Tempo di cottura: 15 minuti**

**Ingredienti:**

- 3-4 pezzi di ananas
- 1 cucchiaino di sale
- ½ cucchiaino di polvere di curcuma
- ½ cucchiaino di Chaat Masala
- 1 cucchiaino di olio d'oliva
- Succo di lime

**Preparazione:**

1. Tagliate l'ananas a metà e togliete la buccia e il ciuffo

2. Estraete la parte centrale tagliandolo a metà e facendone 4 tocchetti
3. Preriscaldate la friggitrice a 177° C
4. Spennellate il succo di lime sull'ananas
5. Trasferite l'ananas nella friggitrice ad aria compressa Instant Vortex
6. Decorate con pezzettini di cocco e cuocete per 12 minuti
7. Servite!

## **Valori nutrizionali (per porzione)**

- Calorie: 467
- Grassi: 12g
- Carboidrati: 10g
- Proteine: 7g

# Frittelle di banana

**Dose per: 5**
**Tempo di preparazione: 5 minuti**
**Tempo di cottura: 8 minuti**

## Ingredienti:

- 180 g di farina
- 5 banane, sbucciate e affettate
- 1 cucchiaino di sale
- 3 cucchiai di semi di sesamo
- 237 ml di acqua

## Preparazione:

1. Preriscaldate la friggitrice ad aria Instant Vortex a 171° C.

2. Prendete una ciotola e aggiungete sale, semi di sesamo, acqua e mescolate bene.
3. Rivestite le banane con la miscela di farina e trasferitele nel cestello della friggitrice ad aria Instant Vortex.
4. Cuocete per 8 minuti.
5. Servite e buon appetito!

## Valori Nutrizionali:

- Calorie: 242
- Grassi: 9g
- Carboidrati: 38g
- Proteine: 5g

# Spuntino mele e mandorle

**Dose per: 4**
**Tempo di preparazione: 15 minuti**
**Tempo di cottura: 20 minuti**

**Ingredienti:**

- 4 mele
- 42 g di mandorle
- Panna montata
- 20 g di uva passa
- 25 g di zucchero

**Preparazione:**

1. Preriscaldate la friggitrice ad aria Instant Vortex a 182° C.
2. Lavate le mele, togliete i torsoli.
3. Prendete una ciotola e mescolate zucchero, mandorle, uvetta. Frullate.
4. Riempite le mele con il composto di mandorle.
5. Cuocete le mele nella friggitrice per 10 minuti.
6. Servite con zucchero a velo e buon appetito!

**Valori Nutrizionali:**

- Calorie: 200
- Grassi: 24g
- Carboidrati: 33g
- Proteine: 5g

# Brownies bianco e nero

**Dose per: 4**
**Tempo di preparazione: 10 minuti**
**Tempo di cottura: 20 minuti**

## Ingredienti:

- 1 uovo intero
- 45 g di scaglie di cioccolato
- 25 g di zucchero ganulato
- 43 g di farina
- 2 cucchiai di olio di cartamo
- 1 cucchiaino di vaniglia
- 25 g di cacao in polvere

## Preparazione:

1. Preriscaldate la friggitrice a 160° C.

2. Prendete una ciotola e mescolate l'uovo sbattuto con lo zucchero, l'olio e la vaniglia. Mescolate il cacao in polvere con la farina e aggiungetelo alla miscela di zucchero.
3. Preparate una teglia per la friggitrice ad aria compressa Instant Vortex.
4. Versate l'impasto per i brownies nella friggitrice Instant Vortex e cuocete per 20 minuti.
5. Servite con gelato.
6. Buon appetito!

## Valori Nutrizionali:

- Calorie: 470
- Grassi: 13g
- Carboidrati: 30g
- Proteine: 2g

# Crumble di albicocche

**Dose per: 4**
**Tempo di preparazione: 10 minuti**
**Tempo di cottura: 20 minuti**

## Ingredienti:

- 475 g di albicocche fresche
- 144 g di more fresche
- 100 g di zucchero
- 2 cucchiai di succo di limone
- 120 g di farina
- Sale, q.b.
- 70 g di burro

## Preparazione:

1. Tagliate le albicocche a metà e togliete i noccioli.
2. Tagliate le metà a cubetti e mettetele in una ciotola.
3. Aggiungete alla ciotola il succo di limone, 2 cucchiai di zucchero, le more, e mescolate.
4. Versate il composto in un piatto unto e spalmatelo.
5. Prendete un'altra ciotola e aggiungete la farina e lo zucchero rimasto.
6. Aggiungete 1 cucchiaio di acqua fredda e 14 g di burro all'impasto e continuate a mescolare fino ad ottenere un composto friabile.
7. Preriscaldate la
8. friggitrice ad aria Instant Vortex a 198 °C.

9. Distribuire il crumble sulla frutta e trasferite il piatto nel cestello di cottura.
10. Cuocete per 20 minuti.
11. Servite e buon appetito!

**Valori Nutrizionali:**

- Calorie: 807
- Grassi: 37g
- Carboidrati: 89g
- Proteine: 13g

# Bombe al cacao con noci

**Dose per: 6**
**Tempo di preparazione: 10 minuti**
**Tempo di cottura: 8 minuti**

## Ingredienti:

- 1 cucchiaino di estratto di vaniglia
- 4 cucchiai di olio di cocco
- 70 g di dolcificante
- 20 g di cacao in polvere
- 250 g noci di macadamia

## Preparazione:

1. Mescolate bene tutti gli ingredienti in una ciotola.

2. Formate delle palline medie con questa miscela, mettetele nella friggitrice e fatele cuocete a 148° C per 8 minuti. Servitele fredde

## Valori Nutrizionali:

- Calorie: 120
- Grassi: 12g
- Carboidrati: 2g
- Proteine: 1g

# Tortini cremosi al cocco

**Dose per: 4**
**Tempo di preparazione: 10 minuti**
**Tempo di cottura: 10 minuti**

**Ingredienti:**

- 3 uova intere
- 226 g di formaggio cremoso a pasta molle
- 50 g dolcificante
- 3 cucchiai di cocco, tritato e non zuccherato
- 28 g di burro, fuso

**Preparazione:**

1. Mescolate bene tutti gli ingredienti in una ciotola.
2. Dividete in piccoli pirottini, metteteli nella friggitrice, cuocete a 160° C per 10 minuti. Serviteli freddi

**Valori Nutrizionali:**

- Calorie: 614
- Grassi: 4g
- Carboidrati: 5g
- Proteine: 5g

# Torta alla prugna

**Dose per: 4**
**Tempo di preparazione: 10 minuti**
**Tempo di cottura: 20 minuti**

## Ingredienti:

- 2 cucchiaini di lievito in polvere
- 1 cucchiaio di estratto di vaniglia
- 100 g di dolcificante
- 3 uova intere
- 113 g di burro, morbido
- 187 ml di latte di mandorla
- 125 ml di latte di cocco
- 144 g di farina di mandorle
- 4 prugne, snocciolate e tritate
- ½ cucchiaino di estratto di mandorle

## Preparazione:

1. Mescolate bene tutti gli ingredienti in una ciotola.
2. Versate il composto in una teglia per torte che si adatta alla friggitrice ad aria. Rivestite la teglia di carta forno, e mettetela nella friggitrice ad aria Vortex. Cuocete a 187° C per 30 minuti.
3. Fate raffreddare il la torta, affettatela e servite

**Valori Nutrizionali:**

- Calorie: 183
- Grassi: 4g
- Carboidrati: 4g
- Proteine: 7g

# Cupcake alle mandorle

**Dose per: 4**
**Tempo di preparazione: 10 minuti**
**Tempo di cottura: 20 minuti**

**Ingredienti:**

- 1 cucchiaino di lievito in polvere
- ½ cucchiaino di lievito in polvere
- ½ cucchiaino di bicarbonato di sodio
- 1 cucchiaino di estratto di vaniglia
- 60 ml di olio di cocco, fuso
- 3 cucchiai di stevia
- 50 g di cacao in polvere
- 60 ml di latte di mandorla
- 4 uova, sbattute
- 32 g di farina di cocco

**Preparazione:**

1. Prendete una ciotola e mescolate tutti gli ingredienti.
2. Oliate una teglia per cupcake, che si adatta alla friggitrice ad aria, con lo spray da cucina. Versate la miscela per cupcake e mettetelo nella friggitrice Instant Vortex. Cuocete a 176° C per 25 minuti.
3. Fate raffreddare e servite

**Valori Nutrizionali:**

- Calorie: 103
- Grassi: 4g
- Carboidrati: 6g
- Proteine: 3g

# Prugne cotte

**Dose per: 4**
**Tempo di preparazione: 10 minuti**
**Tempo di cottura: 20 minuti**

**Ingredienti:**

- ½ cucchiaino di cannella in polvere
- 1 cucchiaino di zenzero, macinato
- 10 ml d'acqua
- 1 buccia grattugiata di limone
- 10 gocce di stevia
- 6 prugne, tagliate a dadini

**Preparazione:**

1. In una teglia che si adatta alla friggitrice Instant Vortex, combinate le prugne con il resto degli ingredienti, mescolate delicatamente.
2. Mettete la teglia nella friggitrice e cuocete a 182° C per 20 minuti. Servite freddo

**Valori Nutrizionali:**

- Calorie: 170
- Grassi: 5g
- Carboidrati: 3g
- Proteine: 5g

# Budino di ribes

**Dose per: 4**
**Tempo di preparazione: 10 minuti**
**Tempo di cottura: 20 minuti**

## Ingredienti:

- 100 g di ribes rosso
- 100 g di ribes nero
- 3 cucchiai di stevia
- 250 ml di panna di cocco

## Preparazione:

1. In una ciotola, unire tutti gli ingredienti e mescolate bene.
2. Dividete in pirottini, metteteli nella friggitrice e cuocete a 171° C per 20 minuti. Servite il budino freddo.

## Valori Nutrizionali:

- Calorie: 200
- Grassi: 4g
- Carboidrati: 4g
- Proteine: 6g

# Deliziosi biscotti al ribes

**Dose per: 4**
**Tempo di preparazione: 10 minuti**
**Tempo di cottura: 30 minuti**

**Ingredienti:**

- 2 cucchiaini di bicarbonato di sodio
- 1 cucchiaino di estratto di vaniglia
- 120 g di ghi (tipo di burro chiarificato), fuso
- 192 g di farina di mandorle
- 100 g dolcificante
- 87 g di ribes

**Preparazione:**

1. Prendete una ciotola e mescolate tutti gli ingredienti.
2. Stendete il composto su una teglia foderata con carta forno, mettete la teglia nella friggitrice e cuocete a 176° C per 30 minuti.
3. Lasciate raffreddare, tagliate a rettangoli e servite.

**Valori Nutrizionali:**

- Calorie: 172
- Grassi: 5g
- Carboidrati: 3g
- Proteine: 5g

# Budino piccante di avocado

**Dose per: 4**
**Tempo di preparazione: 10 minuti**
**Tempo di cottura: 25 minuti**

## Ingredienti:

- ½ cucchiaino di zenzero in polvere
- 1 cucchiaino di cannella in polvere
- 250 ml di latte di cocco
- 150 g dolcificante
- 2 uova, sbattute
- 4 piccoli avocado, pelati e snocciolati, schiacciati

## Preparazione:

1. Prendete una ciotola e mescolate tutti gli ingredienti.

2. Versate in uno stampo per budino, mettetelo nella friggitrice e cuocete a 176° C per 25 minuti.
3. Servite il piatto ancora caldo.

## Valori Nutrizionali:

- Calorie: 192
- Grassi: 8g
- Carboidrati: 5g
- Proteine: 4g

# Torta al cioccolato in tazza

**Dose per: 4**
**Tempo di preparazione: 10 minuti**
**Tempo di cottura: 20 minuti**

## Ingredienti:

- 45 ml di olio di cocco
- 106 g di zucchero semolato
- 44 ml di latte intero
- 7,4 g di cacao in polvere
- 28 g di farina auto lievitante

## Preparazione:

1. Preriscaldate la friggitrice Instant Vortex a 198 °C e oliate leggermente una tazza grande.
2. Mescolate tutti gli ingredienti in un boccale poco profondo fino a quando non sono ben combinati.
3. Disponete la tazza nel cestello della friggitrice Instant Vortex e cuocete per circa 13 minuti.
4. Servite e buon appetito!

## Valori Nutrizionali:

- Calorie: 729
- Grassi: 40g
- Carboidrati: 88g
- Proteine: 6g

# Pancake cannella e formaggio

**Dose per: 4**
**Tempo di preparazione: 7 minuti**
**Tempo di cottura: 20 minuti**

## Ingredienti:

- 100 g di zucchero di canna
- ½ cucchiaino di cannella
- 450 g di formaggio cremoso a basso contenuto di grassi
- 2 uova intere

## Preparazione:

1. Preriscaldate la friggitrice ad aria ad una temperatura di 165° C

2. Prendete un frullatore e aggiungete zucchero, formaggio, uova e cannella
3. Versate circa ¼ del composto nel cestello di cottura della friggitrice Instant Vortex, cuocete per 2 minuti per lato
4. Ripetere con la pastella rimanente
5. Servite e buon appetito!

**Valori Nutrizionali:**

- Calorie: 140
- Grassi: 10g
- Carboidrati: 5g
- Proteine: 22g

# Capesante e aneto

**Dose per: 4**
**Tempo di preparazione: 5 minuti**
**Tempo di cottura: 10 minuti**

## Ingredienti:

- 450 g di capesante
- 1 cucchiaio di succo di limone
- 1 cucchiaino di aneto
- 2 cucchiaini di olio d'oliva
- Pepe nero, q.b.
- Sale, q.b.

## Preparazione:

1. Preriscaldate la friggitrice ad aria a 182° C

2. Prendete una ciotola e aggiungete olio, aneto, pepe, succo di limone e mescolate
3. Trasferite le capesante preparate nella friggitrice Instant Vortex e cuocete per 5 minuti
4. Dividere le capesante con la salsa all'aneto sopra
5. Buon appetito!

**Valori Nutrizionali:**

- Calorie: 451
- Grassi: 39g
- Carboidrati: 3g
- Proteine: 19g

# Tazze di pane e formaggio

**Dose per: 2**
**Tempo di preparazione: 10 minuti**
**Tempo di cottura: 15 minuti**

## Ingredienti:

- 2 uova intere
- 28 g di formaggio Cheddar grattugiato
- Sale e pepe q.b.
- 1 fetta di prosciutto, tagliato in 2 parti
- 4 fette di pane, appiattite con il mattarello

## Preparazione:

1. Preriscaldate la friggitrice ad aria a 148° C
2. Prendete due pirottini e spruzzateli entrambi con lo spray da cucina

3. Mettete due fette di pane in ogni pirottino
4. Aggiungete fette di prosciutto in ogni pirottino
5. Rompere un uovo in ogni pirottino, cospargete di formaggio
6. Condite con sale e pepe
7. Trasferite il tutto nel cestello di cottura Instant Vortex, cuocete per 15 minuti
8. Servite e buon appetito!

## Valori Nutrizionali:

- Calorie: 162
- Grassi: 8g
- Carboidrati: 10g
- Proteine: 11g

# Panino con banana e burro d'arachidi

**Dose per: 1**
**Tempo di preparazione: 5 minuti**
**Tempo di cottura: 6 minuti**

## Ingredienti:

- 2 fette intere di pane
- 1 cucchiaino di sciroppo d'acero
- 1 banana, a fette
- 2 cucchiai di burro di arachidi

## Preparazione:

1. Preriscaldate la friggitrice ad aria a 165° C
2. Rivestite un lato del pane con burro d'arachidi
3. Aggiungete la banana a fette sul lato imburrato e spruzzate lo sciroppo d'acero

4. Trasferite nella Instant Vortex e cuocete per 6 minuti
5. Servite e buon appetito!

## Valori Nutrizionali:

- Calorie: 211
- Grassi: 9g
- Carboidrati: 7g
- Proteine: 11g

# Mini cheeseburger

**Dose per: 6**
**Tempo di preparazione: 5 minuti**
**Tempo di cottura: 10 minuti**

## Ingredienti:

- 450 g di manzo, macinato
- 6 fette di formaggio Cheddar
- 6 panini tondi
- 6 cucchiai di maionese / ketchup
- Sale e pepe q.b.

## Preparazione:

1. Preriscaldate la friggitrice ad aria a 198° C

2. Formare 6 polpettine a cui dare la forma di hamburger (70 g circa ogni polpetta) e conditele con sale e pepe
3. Aggiungete gli hamburger al cestello di cottura di Instant Vortex
4. Cuocete per 10 minuti, toglieteli dalla friggitrice
5. Ricoprite gli hamburger con la fetta di formaggio e tornate alla friggitrice Instant Vortex, cuocete per 1 minuto fino a quando il formaggio non si scioglie
6. Spalmate il ketchup/ la maionese generosamente sopra la parte superiore e inferiore dei panini tondi
7. Serviteli caldi e buon appetito!

## Valori Nutrizionali:

- Calorie: 262
- Grassi: 10g
- Carboidrati: 9g
- Proteine: 16g

# Filetto di pollo al formaggio

**Dose per: 4**
**Tempo di preparazione: 5 minuti**
**Tempo di cottura: 15 minuti**

## Ingredienti:

- 2 filetti di pollo
- 4 fette di formaggio Gouda
- 4 fette di prosciutto
- Sale e pepe, q.b.
- 1 cucchiaio di erba cipollina, tritata

## Preparazione:

1. Preriscaldate la friggitrice ad aria a 180° C
2. Tagliate i filetti di pollo in quattro parti, fate una fenditura orizzontale fino al bordo

3. Aprite il filetto e conditelo generosamente con sale e pepe
4. Coprite ogni pezzo con erba cipollina e una fetta di formaggio
5. Chiudere il filetto, avvolgetelo con fette di prosciutto
6. Trasferite i filetti nel cestello di cottura Instant Vortex
7. Cuocete per 15 minuti
8. Servite e buon appetito!

**Valori Nutrizionali:**

- Calorie: 386
- Grassi: 21g
- Carboidrati: 14g
- Proteine: 30g

# Tazze di panna e cocco

**Dose per: 4**
**Tempo di preparazione: 5 minuti**
**Tempo di cottura: 10 minuti**

**Ingredienti:**

- 226 g di formaggio cremoso
- 3 uova intere
- 28 g di burro, fuso
- 15 g di cocco, tritato, non zuccherato
- 84 g dolcificante

**Preparazione:**

1. Prendete una ciotola e mescolate gli ingredienti elencati
2. Preriscaldate la friggitrice ad aria Vortex a 160° C
3. Trasferite nel cestello di cottura, cuocete per 10 minuti

**Valori Nutrizionali:**

- Calorie: 120
- Grassi: 12g
- Carboidrati: 2g
- Proteine: 1g

# Crema di prugne

**Dose per: 4**
**Tempo di preparazione: 5 minuti**
**Tempo di cottura: 10 minuti**

**Ingredienti:**

- 450 g prugne snocciolate e tritate
- 360 ml di panna
- 50 g dolcificante
- 1 cucchiaio di succo di limone

**Preparazione:**

1. In una ciotola, mescolate tutti gli ingredienti.
2. Dividete il composto in 4 pirottini, metteteli nella friggitrice e cuocete a 171° C per 20 minuti.
3. Servite il piatto freddo.

**Valori Nutrizionali:**

- Calorie: 171
- Grassi: 4g
- Carboidrati: 4g
- Proteine: 4g